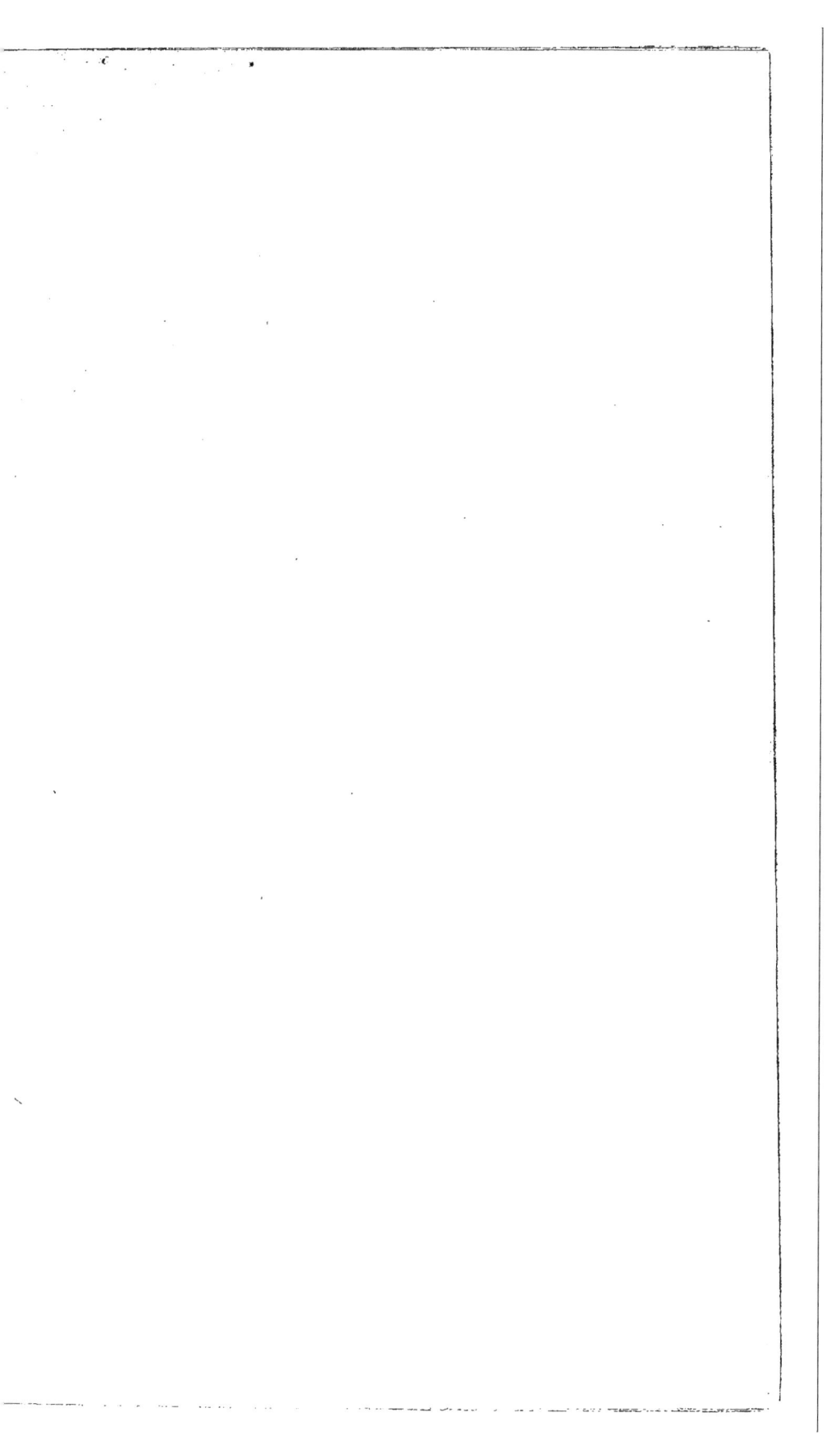

LE

SIÈGE DE BELFORT

ET

LE COLONEL DENFERT

CONFÉRENCE

FAITE PAR

EDMOND CAMBIER

OFFICIER DÉMISSIONNAIRE AYANT ASSISTÉ A LA DÉFENSE DE BELFORT.

PRIX : **25** centimes

POUR AIDER A L'ÉRECTION, A BELFORT, DU MONUMENT A LA MÉMOIRE DE THIERS ET DENFERT

LILLE

IMPRIMERIE ET LIBRAIRIE DE JULES PETIT
Rue Basse, 54.

1878

A MADEMOISELLE JULIETTE DODU

———

C'est à vous qui, par le privilége dont a joui autrefois Jeanne Darc, possédez sous l'enveloppe gracieuse et frêle de la femme, toutes les viriles vertus des héros de l'antiquité ; à vous, jeune fille, qui étiez déjà un grand homme à l'âge où les hommes sont encore des enfants, que revient tout naturellement la dédicace de ce récit :

Belfort a racheté Sedan et Metz ; Belfort c'est maintenant les Thermopyles de la Patrie. Vous, Mademoiselle, vous êtes l'ange consolateur de la France, car votre patriotisme et votre courage lui ont fait oublier les défaillances, les lâchetés et les trahisons....

Soyez, pour cela, mille fois bénie.

E. C.

LE SIÉGE DE BELFORT

ET

LE COLONEL DENFERT

CONFÉRENCE

Faite par EDMOND CAMBIER, Officier démissionnaire.

MESSIEURS,

J'ai eu l'honneur de prendre part à la défense de Belfort :

Il m'a été permis de recueillir pendant ce mémorable siége, des notes assez complètes sur les événements de chaque jour (1). Ce sont ces notes qui m'ont servi à coordonner un récit dans lequel vous ne trouverez ni appréciations scientifiques, ni dissertations profondes sur les opérations militaires :

C'est un simple exposé des principaux faits.

En provoquant cette réunion, je me suis proposé un double but : vulgariser un des actes les plus patriotiques et les moins connus de l'épouvantable drame qui fut si funeste à la France, en faisant en même temps connaître le héros dont la mémoire est désormais inséparable de ce glorieux épisode.

(1) J'ai pu compléter mes notes et rappeler mes souvenirs, à l'aide du *journal* rédigé par M. Léon Bélin, avocat, qui prit part à la défense de Belfort en qualité de lieutenant de la garde-mobile.

Messieurs,

Lorsqu'il prit fantaisie à Napoléon III de jeter la France dans l'aventure sinistre qui commença le 14 juillet 1870, Belfort était, moins encore que Strasbourg, préparé à soutenir un siège : l'imprévoyance avait été si grande que le fort des Barres, commencé en 1868, était resté inachevé; l'approvisionnement des vivres et des munitions était pour ainsi dire nul.

Nous avons appris plus tard à quels autres objets on employait, sous l'Empire, l'argent des contribuables.

Vers le 20 juillet, le corps d'armée commandé par le général Félix Douai, vint camper aux environs de Mulhouse pour défendre les abords de Belfort ou se porter en avant, suivant les événements.

Après le 6 août qui marqua le désastre de Frœshwiller, ce corps rallia précipitamment l'armée qui se repliait sur le camp de Châlons et laissa ainsi Belfort quelques jours sans autres défenseurs que le dépôt du 45ᵉ et un bataillon du 84ᵉ de ligne : Ainsi commençaient déjà ces fautes provoquées par le manque d'unité dans le commandement, ces imprévoyances et ces impéritics qu'on se refuserait de croire si l'on n'en avait sous les yeux les preuves indéniables et dont je vais prendre la liberté de vous donner un exemple :

Pendant que le général Douai évacuait Belfort, en vertu d'on ne sait quel ordre, le général Michel, nommé au commandement d'une brigade de ce corps, arrivait en cette ville et, sans faire la moindre démarche, sans prendre la plus mince information, adressait au ministre de la guerre cette dépêche qui restera légendaire :

Belfort, 12 août 1870.

Général Michel à Ministre de la guerre.

Suis arrivé à Belfort. N'ai trouvé ni général, ni corps d'armée. Sais pas où sont mes régiments.

Voilà, Messieurs, les hommes entre les mains desquels étaient placées les destinées de la Patrie; voilà par quels généraux étaient conduits les fils de ceux qui, en 1792, avec les Hoche et les Kléber, ont conquis le monde!

Heureusement, pour l'honneur de la France, à côté des grotesques et des criminels, nous avons eu les Chanzy, les Faidherbe, les Denfert !....

A la fin d'Août, pendant que l'armée, quittant le camp de Châlons, se dirigeait confiante sur l'entonnoir de Sedan, Belfort recevait un notable renfort de garnison composé de mobiles du Rhône de la Haute-Saône et de trois batteries d'artillerie mobile de la Haute-Garonne.

L'affreux désastre de Sedan vint jeter la consternation, sinon le découragement dans la place, les capitulations de Toul et de Schlestadt arrivées presque simultanément ajoutèrent à ces sinistres impressions ; mais une nouvelle heureuse vint bientôt ranimer le courage et l'espoir de chacun : La République était proclamée ! On allait donc enfin se battre pour la Patrie et non plus pour conserver un trône à une dynastie exécrée !...

Presqu'en même temps que l'annonce de la proclamation de la République, parvenait à Belfort une nouvelle qui fut aussi accueillie avec joie par la garnison et la population : Le lieutenant-colonel du génie Denfert-Rochereau était promu au grade de colonel et en même temps nommé gouverneur-général de la place.

Avant d'aller plus loin, laissez-moi vous dire, Messieurs, qui était le colonel Denfert :

M. Pierre Denfert-Rochereau est né à St-Maixent, le 11 janvier 1823. Après avoir fait de brillantes études, il fut admis à l'école polytechnique, puis à l'école d'application, d'où il sortit le premier dans l'arme du génie, en 1845.

Il fit la campagne de Rome et la guerre de Crimée, parvint en 1863 au grade de chef de bataillon et fut nommé directeur des travaux de fortifications de la ville de Belfort.

Ses opinions républicaines bien connues furent, sous l'Empire, malgré son talent, un obstacle à son avancement. Le nouveau gouvernement répara cette injustice en nommant M. Denfert presque simultanément lieutenant-colonel et colonel-gouverneur.

On ne pouvait, pour cette importante fonction, faire un choix plus intelligent, car personne ne connaissait mieux que le nouveau gouverneur, tous les moyens de défense de la ville.

Dès lors, les préparatifs de toutes sortes s'accentuèrent d'une manière prodigieuse, les travaux de défense furent poussés avec une activité dévorante : On compléta tous les approvisionnements, on termina le fort des Barres, les ouvrages avancés des Hautes et Basses-Perches furent achevés, on abattit les arbres et les maisons qui pouvaient nuire à la défense, on creusa à l'ouest de la ville une large tranchée qui, traversant les trois faubourgs, formait ainsi une deuxième enceinte, l'accès de chaque faubourg fut défendu par une redoute garnie de deux bouches à feu.

En même temps que ces ouvrages, on exécutait en ville tous les travaux nécessaires pour mettre à l'abri du feu la population et la garnison.

Le 31 octobre, on apprit à Belfort la honteuse capitulation de Metz. Cette fois, Messieurs, la hideuse trahison n'était pas étrangère à nos désastres. L'ennemi avait désormais plus de troupes qu'il ne lui en fallait pour augmenter le cercle de ses opérations et l'éventualité du siège de Belfort se présentait, dès lors, plus menaçante que jamais.

Le lendemain, 1ᵉʳ novembre, on annonça qu'une armée allemande, composée d'infanterie, de cavalerie et surtout d'artillerie, marchait sur Belfort par la vallée de Massevaux. Cette nouvelle était vraie.

Voici, Messieurs, quelle était la topographie militaire de la ville à la veille du siége.

Belfort, dont, comme chacun sait, les moyens de défense sont aujourd'hui singulièrement augmentés, était entouré d'une enceinte dont l'accès était défendu au nord par les forts de la Justice et de la Miotte, construits dans des positions inaccessibles et reliés au corps de place par un camp retranché; à l'ouest, par le fort des Barres, qui, comme il a été dit, venait à peine d'être achevé; au sud, par les Perches, ouvrages tout à fait provisoires et construits à la hâte ; enfin au centre, par la formidable citadelle du Château, dominant toutes les autres positions et protégée elle-même par trois enceintes armées de 150 bouches à feu.

Tous ces forts étaient bien armés, pourvus de vivres et de munitions, mais renfermaient une garnison insuffisante.

Au reste, la situation générale était celle-ci :

La garnison se composait de 12,000 gardes-mobiles, 2,500 soldats de ligne, 1,000 gardes-nationaux mobilisés et 250 douaniers et gendarmes ; en tout, environ 16,000 hommes qui, dégagés des non-valeurs, se réduisaient à 12,000 combattants.

L'approvisionnement de munitions comprenait 186,000 projectiles de toutes sortes et 370,000 kilogrammes de poudre pour servir 350 bouches à feu.

La provision des vivres pouvait durer deux cents jours.

Toute la sollicitude du gouverneur se porta d'abord sur le service de l'artillerie qui devait jouer un rôle si important.

Profitant des enseignements du siége de Strasbourg, il avait fait restreindre et modifier les embrasures pour qu'elles offrissent un but moins sûr au tir si précis de l'ennemi ; secondé par d'habiles officiers du génie et d'artillerie, il avait fait blinder un grand nombre de pièces à l'aide de rails, de madriers et de terre. Quelques-unes trop découvertes furent même protégées par des abris si solidement construits qu'elles résistèrent longtemps au tir foudroyant des Prussiens. L'une d'elles, pièce de 24 rayée, installée au fort du Château, dont les sourds grondements dominaient les autres, et que les soldats, dans leur langage pittoresque, avaient surnommée la grosse Catherine , reçut sans en souffrir plus de 20,000 projectiles ennemis. Mais un jour, trois obus de 75 kilos lui arrivent successivement : les deux premiers s'enfoncent dans le blindage de la pièce sans éclater, le troisième, en éclatant, provoque l'explosion des deux autres, et Catherine, enfin démontée, fut désormais muette.

Le 4 novembre, l'ennemi occupe tous les villages qu'ont évacués nos troupes. Il se met sur-le-champ en mesure de les défendre contre les attaques de la place, creuse des fossés, fait des retranchements, barricade les routes et place des postes et des vedettes partout où besoin est.

L'artillerie de la place ouvre le feu ce jour-là. On tire sur les colonnes qu'on voit passer au loin, sur les travaux et les cantonnements ennemis. Les villages de Chèvremont et de Vézelois reçoivent nos premiers projectiles. Ces malheureux villages, que les Français étaient forcés de détruire, furent en même temps soumis aux plus cruelles exigences de l'ennemi qui s'empara des habitations, des chevaux et des vivres, et força les habitants à travailler aux ouvrages du siège.

L'investissement de la ville était achevé le 4 au soir.

L'armée assiégeante était commandée par le lieutenant-général prussien De Treskow, secondé par les généraux d'artillerie et du génie Debschultz et Mertens.

Cette armée était forte à cette époque de 35,000 hommes. Portée bientôt à 50,000, elle atteignit le 15 janvier le chiffre énorme de 65,000 combattants.

Elle était divisée en quatre corps occupant à l'entour de la ville quatre secteurs.

On s'est souvent demandé, Messieurs, pourquoi l'ennemi avait immobilisé pendant si longtemps ces forces considérables qui lui eussent rendu de grands services ailleurs : car il n'était point besoin d'un siège pour mettre la place dans l'impossibilité d'empêcher le passage d'un corps prussien et même la retraite de toute l'armée ennemie par la trouée de Belfort ; il suffisait pour cela de masquer la ville de ce côté.

Mais dans la pensée de l'ennemi, le siège de Belfort avait uniquement pour objet la conquête définitive de cette place forte, dont l'annexion à l'Allemagne aurait eu lieu par le fait même de la prise de possession. Le siège de Belfort était surtout une œuvre politique, et si l'ennemi, après tant d'efforts et de sacrifices, s'en était enfin emparé, toute la diplomatie française, soyez-en bien assurés, Messieurs, eût échoué devant la force du fait accompli.

Si la France possède encore Belfort, elle le doit à son énergique défense, elle le doit surtout à l'abnégation, au patriotisme de ses habitants.

Le 5 Novembre au matin, un parlementaire prussien, escorté de quatre cavaliers, fut signalé par le fort de la Justice. Porteur d'un pli à l'adresse du gouverneur de Belfort, il était chargé d'en attendre la réponse.

Voici quelle était cette lettre :

Devant Belfort, le 5 Novembre 1870.

Très-honorable et honoré Commandant,

Je me fais un honneur de porter très-respectueusement à votre connaissance la déclaration suivante:

Je n'ai pas l'intention de vous prier de me rendre la place de Belfort, mais je vous laisse le soin de juger s'il ne conviendrait pas d'éviter à la ville toutes les horreurs d'un siége, et si votre conscience, votre devoir ne vous permettraient pas de me livrer la forteresse dont vous avez le commandement. Je n'ai, en vous envoyant cet écrit très-respectueux, d'autre intention que de préserver autant que possible la population du pays des horreurs de la guerre.

C'est pourquoi je me permets de vous prier de vouloir bien, dans la limite de vos pouvoirs, faire connaître aux habitants que celui qui s'approchera de ma ligne d'investissement, à portée de mes canons, mettra sa vie en danger.

Les propriétaires des maisons situées entre la place et ma ligne d'investissement doivent se hâter de mettre tout leur mobilier en lieu sûr, car d'un instant à l'autre, je puis être obligé de réduire leurs maisons en cendres.

Je saisis cette occasion pour vous assurer de mon estime toute particulière.

DE TRESKOW,

Général-royal Prussien, commandant les troupes devant Belfort.

Le colonel Denfert fit à cette lettre la réponse suivante:

Général,

J'ai lu avec toute l'attention qu'elle mérite la lettre que vous m'avez fait l'honneur de m'écrire avant de commencer les hostilités. En pesant dans ma conscience les raisons que vous me développez, je ne puis m'empêcher de trouver que la retraite de l'armée prussienne est le seul moyen que conseillent à la fois l'honneur et l'humanité pour éviter à la population de Belfort les horreurs d'un siége.

Nous savons tous quelle sanction vous donnerez à vos menaces et nous nous attendons, général, à toutes les violences que vous jugerez nécessaires pour arriver à votre but; mais nous connaissons aussi l'étendue de nos devoirs envers la France et envers la République, et nous sommes décidés à les remplir.

Veuillez agréer, général, l'assurance de ma considération très-distinguée.

DENFERT-ROCHEREAU,

Colonel, commandant supérieur de Belfort.

Copie de ces deux lettres fut envoyée à la mairie pour être soumise à la plus grande publicité. En même temps, le gouverneur adressait à la population une proclamation par laquelle il faisait un appel éloquent à l'esprit de sacrifice. Vous savez, Messieurs, que les généreux habitants de Belfort y répondirent en portant jusqu'à ses dernières limites la plus patriotique abnégation.

Le 10 Novembre, le maire, M. Mény, qui ne cessa un instant de donner à ses concitoyens l'exemple de l'activité, de la prévoyance et du plus rare courage, fit un appel au dévouement de ceux qui voudraient faire le service de guetteurs. Toute la population civile répondit à l'appel du maire.

Le lendemain, l'Administration municipale, par une proclamation, donna aux habitants les plus sages conseils. Par ses soins, tous les greniers furent garnis de cuves pleines d'eau, de telle sorte que, en cas d'incendie , signalé immédiatement par les guetteurs, les premiers secours se trouvaient tou-jours sur les lieux. Grâce à ces intelligentes mesures préventives, l'incendie qui avait, à Strasbourg et à Brisach, dévasté des quartiers entiers, fit relativement peu de dégâts à Belfort.

Le 15 Novembre, eut lieu la seule sortie qu'ait tentée la garnison. Il faut l'avouer, ce fut une faute. Le gouverneur, cédant à l'impatience de la troupe, et de la population et oubliant un instant cet axiome de la guerre, que toute ville assiégée est une ville prise si un secours du dehors ne vient faire diversion au siège, et que, par conséquent, on doit employer tous les moyens pour reculer le moment fatal, eut la faiblesse de la permettre.

Il fut décidé que deux mille cinq cents hommes formant trois colonnes se dirigeraient sur le village de Bessoncourt où l'ennemi était solidement retranché , avec l'objectif de s'en emparer et de détruire les ouvrages des Prussiens. Le mouvement devait commencer à quatre heures du matin.

Je ne vous donnerai pas, Messieurs, les détails du combat. Au reste, l'opération fut loin d'être exécutée d'après le plan tracé à l'avance par le gouverneur lui-même.

Le bataillon chargé de l'attaque dut résister seul pendant plus d'une heure au feu ennemi : les deux autres colonnes, surprises par un temps affreux au moment de leur départ, s'égarèrent dans la nuit et n'arrivèrent sur le lieu de l'action que lorsque ce malheureux bataillon, à moitié détruit, battait en retraite. Le chef de bataillon, deux capitaines et deux lieutenants furent tués. En somme, nous perdîmes dans cette affaire trois cents hommes et six officiers ; l'ennemi fut au moins autant maltraité.

Le lendemain, l'ennemi fit la remise des corps des officiers tués. Cet évènement avait produit sur la population une fâcheuse impression, aussi, pour éviter d'augmenter encore l'émotion générale, on décida que les autorités militaires seules assisteraient à l'enterrement qu'on fit le plus simple possible.

Du 15 Novembre au 1er Décembre, peu de faits intéressants. L'ennemi continue ses travaux que les canons de la place cherchent à empêcher, les compagnies d'éclaireurs volontaires nouvellement formées eurent avec lui de fréquentes escarmouches ; la plus importante eut lieu le 25, à Essert.

Avec Décembre arriva un froid si vif que l'ennemi dut, un instant, suspendre ses travaux ; de notre côté, la canonnade fut beaucoup moins animée.

Ce calme était le précurseur d'un bombardement sans pareil dans l'histoire. Il commença le 3 Décembre.

La population de Belfort ne s'en montra ni surprise ni alarmée. Tout le monde s'attendait depuis longtemps à ce qui arrivait. Les caves presque toutes voûtées avaient été disposées pour recevoir le plus de monde possible ; elles étaient en général pourvues d'appareils de chauffage et des meubles nécessaires ; chez les gens riches, elles offraient même un confort relatif. C'était alors un spectacle curieux que celui des rues de la ville complètement désertes, les maisons closes du haut en bas, à droite et à gauche, chaque soupirail de cave traversé par des tuyaux de cheminées. Mais bientôt le pittoresque devint navrant !....

Le préfet, le premier jour du bombardement, adressa aux habitants cette magnifique proclamation :

Aux habitants de Belfort.

CITOYENS,

L'heure du péril est venue, et avec elle l'heure des dévouements.

Je connais trop votre patriotisme pour avoir besoin de lui faire un suprême appel. La population civile et la population militaire, unies par les liens d'une entière et légitime confiance, seront dignes l'une de l'autre dans la lutte qu'elles sont appelées à soutenir.

L'histoire dira un jour que les lâchetés et les trahisons de Sedan et de Metz, ont été rachetées par le courage de Belfort ; elle dira qu'il ne s'y est rencontré ni un soldat ni un habitant, pour trouver au jour du danger, les sacrifices trop grands ou la résistance trop longue, elle dira enfin que tous, sans hésitation et sans défaillance, nous avons serré nos rangs au pied de votre Château. C'est pour nous aujourd'hui plus qu'une forteresse, c'est la France et l'Alsace, c'est deux fois la Patrie.

Citoyens, que chacun de nous remplisse son devoir à ce cri qui était autrefois un gage de la victoire, et qui la ramènera sous nos drapeaux :

Vive la République !

Le Préfet du Haut-Rhin,
GROSJEAN.

Le feu de l'ennemi devint bientôt de plus en plus violent. Presque chaque jour, une nouvelle batterie s'ajoutait aux autres pour venir foudroyer une partie de la ville jusque-là épargnée :

A la fin de décembre, deux cents pièces de canon entouraient la place et vomissaient chaque jour sur elle plus de six mille projectiles !...

On ne peut se faire une idée des effets terribles et parfois bizarres des obus pénétrant dans les habitations : un jour, un seul suffit pour tuer et blesser, dans un abri blindé, quatorze soldats; une autre fois, deux projectiles arrivent presque simultanément dans une chambre de la caserne du 45e et projettent plus de cinquante éclats qui broient les tables et les bancs, pulvérisent les sacs, brûlent et trouent les vêtements, sans égratigner un seul des soldats qui se trouvaient réunis au nombre de vingt ; pendant qu'un obus pénétrant par le soupirail d'une cave, tue trois personnes sur les cinq dont se composait la famille.

Et comme dans tous les drames, l'acte tragique était traversé par une scène comique : Au commencement de Décembre, alors que le bombardement sévissait avec le plus d'intensité dans le haut de la ville, l'incendie fut communiqué à l'une des plus importantes maisons par l'explosion d'un projectile ; les militaires qui faisaient le service de guetteurs, pénétrèrent dans la cave pour avertir les habitants : c'étaient deux jeunes femmes qui, prises de frayeur, se précipitèrent dans la rue. L'une d'elles, toute échevelée, portant dans ses bras un enfant au maillot, tombe évanouie; l'enfant roule à terre, un soldat se précipite et ramasse...... un pain de sucre enveloppé dans une nappe! Cette bizarrerie vous sera expliquée, Messieurs, quand vous saurez que le sucre qui était introuvable se payait alors jusqu'à vingt francs la livre.

Aussi n'oserais-je vous affirmer que la pauvre dame ait revu tout entier l'objet de sa sollicitude. Je crois même que le *sauveteur* s'est permis de percevoir, séance tenante, sur le *sauvé* une forte prime.

Le mois de Décembre ne présenta point d'évènements considérables. Quelques escarmouches provoquées par nos compagnies d'éclaireurs agacèrent l'ennemi.

Le 1er Janvier, les Prussiens saluèrent à leur façon l'année nouvelle : ils redoublèrent de rage et nous envoyèrent ce jour-là, plus de dix mille projectiles.

A partir de Janvier, l'ennemi voyant que le bombardement le faisait s'éterniser devant la place, sans qu'il fût plus avancé le lendemain que la veille, changea de tactique. Deux villages, Danjoutin et Pérouse étaient encore entre notre pouvoir; il résolut de s'en emparer :

Pendant la nuit du 7 au 8, les Prussiens, au nombre de quatre à cinq mille, réussirent à cerner Danjoutin.

Après un combat acharné dans les rues, l'ennemi dut faire l'assaut du village, maison par maison; à midi, il était maître de la position que les Français étaient parvenus à conserver pendant plus de deux mois.

Cette affaire diminuait nos forces de 770 hommes, dont deux officiers supérieurs.

Dès lors les évènements se précipitent : Quelques jours après avoir perdu Danjoutin, nous fûmes forcés d'évacuer Pérouse après un engagement où nous perdîmes 250 hommes sur 900; l'ennemi qui nous avait attaqués au nombre de 5,000 hommes, laissa sur le terrain plus de mille combattants tués et blessés. C'est là que les Prussiens employèrent, pour nous surprendre, un moyen qui rappelle les ruses de guerre des sauvages peaux-rouges : Pendant qu'à quatre ou cinq kilomètres des hurrahs et des cris effroyables étaient jetés par une troupe nombreuse, deux colonnes composées chacune d'environ 2,500 hommes s'avançaient silencieusement et tout-à-coup tentaient de s'emparer de nos retranchements en avant du village. Mais depuis l'affaire de Danjoutin, nous étions sans cesse en alerte, et elles furent reçues par des feux de peloton à bout portant qui les décimèrent.

Nous dûmes enfin, après un combat qui dura cinq heures, céder au nombre et rallier la place.

Le lendemain de cette affaire, un courrier qui réussit à traverser les lignes ennemies, arriva avec la nouvelle qu'une armée de 100,000 hommes, commandée par le général Bourbaki, marchait sur Belfort. Cette armée, disait-on, n'avait pas seulement pour objectif la levée du siège, son mouvement se rattachait à un plan stratégique d'où pourrait sortir le salut du pays.

Il est impossible de se figurer la joie qui envahit tout le monde à cette nouvelle, et cette joie se changea en allégresse quand, le lendemain, on entendit au loin tonner le canon français. Nous pouvions compter les heures qui nous séparaient de celle de la délivrance...

Trois batailles ou plutôt une gigantesque bataille qui dura trois jours fut livrée ; la ligne des Français allait de Villerxelsel à Héricourt, c'est-à-dire sur une étendue de 40 kilomètres. Pendant trois longs jours, nous passâmes alternativement de l'espérance au découragement. Enfin la retraite de l'armée française plongea la ville dans un deuil général.

Dès lors, les Prussiens redoublent de rage. Leur tir dénote une véritable exaspération. L'éventualité d'une paix prochaine presse Treskow de prendre la place avant la conclusion de cette paix. Et comment expliquer autrement le coup de main aussi téméraire qu'insensé par lequel il tente, le 26, de s'emparer du fort des Perches :

Deux compagnies ennemies, infanterie et pionniers, parvinrent, à l'aide d'une nuit sombre et en rampant derrière un pli de terrain, à s'approcher assez de l'ouvrage avancé des Basses-Perches pour pénétrer dans les fossés. Ils se mirent aussitôt en devoir d'en miner l'escarpe qu'ils avaient l'intention de faire sauter ; ils se proposaient de monter ensuite à l'assaut par la brèche. Mais ils avaient compté sans la dureté du roc, la profondeur des fossés et surtout la vigilance des sentinelles, ils furent aperçus. Sommés de se rendre, ils durent le faire sans résistance. On les prit ainsi au nombre de 260, dont 7 officiers.

Mais cet échec ne découragea point l'opiniâtre général et nous dûmes enfin évacuer les forts des Hautes et Basses-Perches le 6 Février. Le feu les avait rendus inhabitables. Sur 30 pièces de canon, 4 seulement pouvaient encore faire feu ; toutes les autres avaient été démontées.

A peine avions-nous abandonné les Perches que les Prussiens y entraient et se mettaient en devoir d'y faire tous les travaux pour y installer immédiatement des batteries.

Le 7, le général de Treskow envoyait un parlementaire porteur d'une lettre au Colonel Denfert et de journaux suisses qu'il sut distribuer adroitement, afin de jeter la démoralisation. Les nouvelles qu'ils renfermaient disaient que Chanzy, poursuivi, avait dû se réfugier en Bretagne; Faidherbe avait précipitamment rallié la place de Lille et s'y était renfermé; l'armée de l'Est vaincue avait fui en Suisse; Paris avait capitulé; enfin un armistice avait été conclu le 29 Janvier, mais Belfort avait été excepté et laissé en proie au vainqueur.

De ces nouvelles, on le sut plus tard, les deux dernières étaient vraies : L'armée de Bourbaki était vaincue, Paris avait capitulé, un armistice était signé et l'armée de Belfort seule en France devait continuer la lutte !

La lettre de Treskow à Denfert annonçait ces diverses nouvelles et ajoutait en substance :

Je suis maître des Perches, d'où, après avoir établi mes batteries, je puis en trois jours, finir d'anéantir la ville.

Croyez-moi, Belfort a assez fait pour son honneur et celui de la France, toute continuation de résistance est inutile et toute nouvelle effusion de sang superflue. Vous ferez bien de terminer une lutte dont l'issue ne peut plus être douteuse.

La ville interrogée ne peut qu'approuver la reddition.

Le Colonel Denfert fit faire à Treskow par son parlementaire une réponse verbale aussi ferme que laconique :

Allez dire à votre général que je n'ai pas à demander à Belfort son opinion sur ce qu'il me demande, car *Belfort, c'est moi!*...

Des gens qui jugent superficiellement ou de parti pris ont comparé cette réponse à celle que fit un jour Louis XIV à un lâche parlement. Est-il besoin de prouver, Messieurs, que cette comparaison ne tient point debout: Chez le roi, « *l'Etat, c'est moi* » personnifiait le maître altier qui savait que tout pliait devant sa tyrannique volonté ; dans la bouche de Denfert, « *Belfort, c'est moi!* » était l'expression la plus énergique et la plus éloquente du plus pur patriotisme !...

Néanmoins, il était certain qu'un armistice avait été signé le 29 Janvier; nous étions au 12 Février et Belfort continuait à être bombardé de plus belle ! Dans quel but et pour quelle cause étions-nous exceptés ? On a dit que l'armée de l'Est n'avait pas été comprise dans l'armistice et que Belfort était considéré comme faisant partie de cette armée.

Mais depuis le 22 Janvier, l'armée de l'Est n'existait plus par le fait même du passage en Suisse de la plus grande partie de son effectif et de la retraite du général Bourbaki à Besançon.

Je ne veux point commenter ici la mesure exceptionnelle prise à l'égard de Belfort ; on a parlé d'oubli, de fautes inconcevables...

L'histoire impartiale, un jour, lèvera le rideau sur ce qui est encore un mystère pour la plupart et chargera, s'il y a lieu, chacun de sa part de responsabilité.

Le premier parlementaire Prussien avait à peine terminé sa mission, qu'un deuxième apportait une autre dépêche au commandant-supérieur. Cette dépêche était écrite au crayon bleu dans les deux langues, elle arrivait de Versailles. Treskow l'envoyait telle que l'avait transcrite l'employé du télégraphe allemand. Voici quel était son contenu :

Au général de Treskow, commandant la troupe devant Belfort.

Au commandant supérieur de cette ville,

Le commandant de Belfort est autorisé, vu les circonstances, à la reddition de la place. La garnison sortira avec les honneurs de la guerre et emportera les archives de place ; elle ralliera le poste français le plus voisin.

P' *S. M. Empereur et Roi,*

BISMARCK.

P' *le ministre des affaires étrangères,*

Ernest PICARD.

Il fallait rendre la place !.. Quelque triste que fut ce résultat, il restait une consolation. La ville tombait, il est vrai, mais elle tombait avec la patrie qui l'entraînait dans sa chute ; l'ennemi ne l'avait pas prise, elle n'avait point capitulé !..

Ordre fut aussitôt donné à tous les forts de cesser le feu. Une heure après, on n'entendit plus le canon qui, depuis bientôt quatre mois, n'avait cessé de tonner. Le silence qui succédait tout-à-coup au bruit incessant de deux cents bouches à feu et de l'explosion des projectiles ennemis, produisit l'effet le plus singulier.

Les rues de la ville furent pleines de monde pendant toute la nuit ; le lendemain matin, 15 Février, la population toute entière circulait encore depuis la veille dans cette pauvre ville pleine de deuil et de ruine. Bien des gens qui n'avaient pas respiré le grand air, qui n'avaient pas vu le ciel depuis deux mois et demi passèrent toute cette journée dehors.

L'acte de reddition de la place fut rédigé en termes des plus honorables pour les troupes qui l'avaient défendue.

Les plénipotentiaires allemands offrirent spontanément au colonel Denfert de rendre à la garnison de Belfort les honneurs de la guerre qu'on lui devait. Les troupes françaises eussent ainsi défilé devant les troupes prussiennes en armes, au son des musiques militaires. Mais les soldats de Belfort, mus par un sentiment de délicatesse que tous les Français comprendront, songeant aux hontes et aux douleurs subies par leurs frères à Sedan et à Metz, n'acceptèrent pas cette proposition et insistèrent pour que les troupes allemandes ne se trouvassent point sur leur chemin. Ce désir fut scrupuleusement respecté par l'ennemi qui évacua pour 48 heures tous les villages que devait traverser l'armée de Belfort.

Le départ de la garnison eut lieu le 17 Février. Tous les habitants,réunis en dehors de la porte de France, vinrent adresser à ceux qui les avaient défendus les plus touchants adieux. La dernière colonne quittait la ville à midi, elle était commandée par le colonel Denfert et emmenait avec elle la batterie d'artillerie volante et les archives. Quelques heures après, les troupes allemandes entraient dans Belfort.

Le siège était terminé.

L'armée de Belfort fut partout, sur son passage, acclamée et fêtée. Jusqu'à Grenoble, ce fut une marche triomphale, une pluie de couronnes et de fleurs. Ce sympathique accueil lui fit bien vite oublier les souffrances passées.

Bientôt, elle apprit que la France, comme suprême hommage, envoyait son commandant à l'Assemblée : Le colonel Denfert était élu député par trois départements sans avoir même songé à poser sa candidature.

La place de Belfort, investie le 4 Novembre, fut rendue le 18 Février 1871. Le siège avait duré 104 jours, le bombardement s'était continué sans interruption pendant 73 jours.

Il n'était pas une maison qui ait été épargnée ; les faubourgs de France et de Montbéliard subirent d'immenses dégâts ; le faubourg du Fourneau fut entièrement détruit.

Les dégâts causés aux immeubles par l'incendie et les projectiles ont été évalués à cinq millions environ ; on appréciera ce dommage quand on saura que Belfort comptait alors à peine 9,000 habitants et l'on se fera une idée du nombre de projectiles tombés dans la place quand j'aurai dit que les Allemands, toujours pratiques, après avoir pris possession de la ville, réunirent pour les vendre plus de dix millions de kilogrammmes de fonte provenant de l'explosion de leurs obus.

La garnison, on le sait, était au commencement du siège, d'environ 16,000 hommes. 10,000 quittèrent la place lors de la reddition, 1,600 blessés furent laissés dans les ambulances, 1,000 environ furent faits prisonniers, 3,500 avaient péri. La population civile, elle aussi, paya une lourde contri-bution de sang : sur 4,200 habitants qui étaient restés pendant le siège, plus de 300 périrent.

Les pertes de l'armée assiégeante furent relativement plus considérables que les nôtres. D'après des renseignements qui ont un caractère de grande probabilité, l'ennemi aurait eu devant Belfort environ 16,000 hommes tués et blessés,

Que vous dirai-je maintenant, Messieurs, que vous ne sachiez ?

Belfort est resté à la patrie, de plus le traité de Francfort a donné à la France la faculté de conserver à cette ville le premier rang parmi les places fortes.

Si Belfort, après tous nos malheurs, jouit encore de ces avantages, il le doit surtout à l'énergie de son défenseur qui, après avoir mis pendant quatre mois au service de cette place un dévouement sans bornes, une science militaire éprouvée, un rare talent d'ingénieur, contribua encore plus tard dans une large part, à convaincre l'Assemblée de la nécessité de conserver les quatre cantons français qui l'entourent.

A la dissolution de l'Assemblée, Paris honora de son mandat le défenseur de Belfort. La nouvelle Chambre, voulant lui donner un gage de sa gratitude, le nomma questeur.

Aujourd'hui, Messieurs, ce grand citoyen n'est plus.

La France républicaine se propose de décerner à ce patriote le suprême hommage qu'elle réserve à la mémoire de ses grands hommes. Je vous remercie, Messieurs, d'avoir bien voulu, en vous réunissant ici, collaborer à cette œuvre. Votre double qualité de Français et de républicains vous imposait ce devoir, car Denfert, en sa vie, n'eut qu'un désir: la grandeur de la Patrie; qu'un but: le retour et l'affermissement de la République !

E. C.

LILLE, IMP. J. PETIT, RUE BASSE, 54